BEI GRIN MACHT SICH IHR WISSEN BEZAHLT

AF141808

- Wir veröffentlichen Ihre Hausarbeit, Bachelor- und Masterarbeit

- Ihr eigenes eBook und Buch - weltweit in allen wichtigen Shops

- Verdienen Sie an jedem Verkauf

Jetzt bei www.GRIN.com hochladen
und kostenlos publizieren

Methoden der Geschäftsprozessmodellierung und Trendforschung

Fabian Schnabel

Bibliografische Information der Deutschen Nationalbibliothek:

Die Deutsche Nationalbibliothek verzeichnet diese Publikation in der Deutschen Nationalbibliografie; detaillierte bibliografische Daten sind im Internet über http://dnb.d-nb.de abrufbar.

ISBN: 9783346836588
Dieses Buch ist auch als E-Book erhältlich.

© GRIN Publishing GmbH
Nymphenburger Straße 86
80636 München

Druck und Bindung: Books on Demand GmbH, Norderstedt Germany
Gedruckt auf säurefreiem Papier aus verantwortungsvollen Quellen

Das vorliegende Werk wurde sorgfältig erarbeitet. Dennoch übernehmen Autoren und Verlag für die Richtigkeit von Angaben, Hinweisen, Links und Ratschlägen sowie eventuelle Druckfehler keine Haftung.

Das Buch bei GRIN: https://www.grin.com/document/1335570

Schnabel, Fabian

Assignment

Methoden der Geschäftsprozessmodellierung unter Berücksichtigung des aktuellen Forschungsstands und Aufzeigen von Trends

Studiengang: Wirtschaftsinformatik - Bachelor of Science (B. Sc.)

Modul: Geschäftsprozesse und Anwendungssysteme (ANS43)

Datum: 28.01.2023

Inhaltsverzeichnis   Seite

I

Abbildungsverzeichnis

Tabellenverzeichnis

1 Einleitung

1.1 Begründung der Problemstellung

Die Digitalisierung ist das zentrale Thema unserer Zeit. Die rasante Entwicklung von bestehenden und neuen Technologien stellt umfassende Möglichkeiten zur Revolutionierung vorhandener privater und unternehmerischer Strukturen zur Verfügung. Vor allem im betrieblichen Umfeld steht der Begriff Industrie 4.0 im Mittelpunkt. Unternehmen setzten sich dabei zum Ziel ihre eigenen Wertschöpfungsprozesse über die eigenen Unternehmensgrenzen hinaus mit allen Stakeholdern zu vernetzen. Dazu zählen kooperierende Unternehmen, sowie auch deren Kunden. In der modernen Wirtschaft ist diese Kooperation von entscheidendem Wert, da die Bewältigung der neuartigen Aufgaben, welche von zunehmender Komplexität gekennzeichnet sind, sonst deutlich mehr Zeit erfordern oder überhaupt nicht fertig gestellt werden können. Diese genannten Schwierigkeiten erfordern eine zielgenaue Konzeption der betrieblichen Prozesse um die Risiken bei der übergreifenden Integration der Technologien zu minimieren, der Dynamik der modernen Produktentwicklung gerecht zu werden und somit wettbewerbsfähig zu bleiben. Hierfür stehen etablierte und neuartige Methoden zur Modellierung von Geschäftsprozessen zur Verfügung, mit welchen die Unternehmen den heutigen Anforderungen gerecht werden können.[1][2][3]

1.2 Aufbau und Zielsetzung der Arbeit

Das Ziel der vorliegenden Arbeit besteht darin unter Berücksichtigung des aktuellen Forschungsstands und dem Aufzeigen von Trends einen Überblick über etablierte Methoden der Geschäftsprozessmodellierung zu geben und drei Modellierungsmethoden unter Verwendung eines Beispiels zu konkretisieren.

Zuerst werden die Grundlagen bezüglich allgemeiner Prozesse, sowie spezifisch für Geschäftsprozesse, geklärt. Anschließend folgt die Vorstellung der ausgewählten Modellierungsmethoden für dieses Assignment mit einer nachfolgenden Einschätzung der Gemeinsamkeiten und Unterschiede. Nach der Erläuterung der Grundlagen erfolgt die Darlegung des Stands der Geschäftsprozessmodellierung und das Aufzeigen aktueller Trends. Im Anschluss daran werden die selektierten Modellierungsmethoden jeweils auf einen konkreten

---

[1] vgl. Feser (2022), S. V f.
[2] vgl. Kreutzer (2022), S. 38 - 40
[3] vgl. Mattmann (2017), S. VII ff.

Anwendungsfall bezogen und umgesetzt. Am Schluss wird eine Dokumentation der wichtigsten Ergebnisse der Arbeit, gefolgt von einer kritischen Würdigung und zukünftigen Aussichten, dargestellt.

2 Theoretische Grundlagen und Begriffsdefinitionen

2.1 Prozess

Unter einem Prozess ist eine Anzahl an zusammenhängenden Aktivitäten zu verstehen, die einen bestimmten Input liefern und in deren zeitlicher Abarbeitung einen Vorgang mit der Erzeugung eines definierten Outputs darstellen.

Die Art des Prozesses kann je nach Anwendungsbereich, in dem dieser ausgeführt wird, differenziert werden. Beispielhaft hierfür können Gerichtsprozesse für juristische Vorhaben oder Reaktionsprozesse bezüglich der Chemie genannt werden. Innerhalb von Unternehmen existiert eine grundlegende Unterteilung, welche durch die Unterscheidung von Kern- und Unterstützungsprozessen realisiert wird. Der Fokus liegt dabei auf der Bedeutung des betrachteten Prozesses für die gesamte Wertschöpfungskette. Wird ein direkter Wert erzeugt handelt es sich um einen Haupt- oder Kerngeschäftsprozess, welcher in Kapitel 2.2 aufgrund der großen Relevanz im Unternehmensgeschehen folglich präzise ausgeführt wird. Alle Unternehmensprozesse ohne direkte Wertschöpfung sind als Unterstützungsprozesse oder Managementprozesse einzuordnen. Letzteres dient der genaueren Differenzierung im Sinne der konkreten Trennung der Prozessbereiche, wobei beide Arten die Kerngeschäftsprozesse mit notwendigen Support- oder Querschnittsfunktionen assistieren.[4] [5]

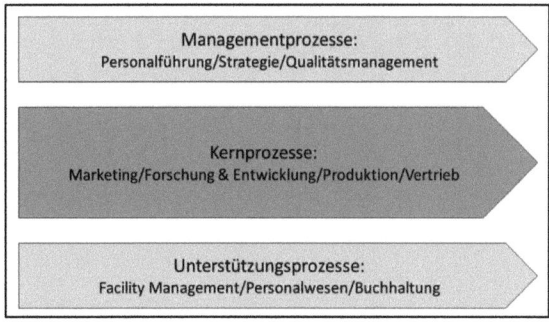

Abbildung 1: Prozessarten[6]

[4] vgl. Weber/Gabriel/Lux/Menke (2022), S. 191 ff.
[5] vgl. Gehring/Gabriel (2022), S. 664 f.
[6] ähnlich: Weber/Gabriel/Lux/Menke (2022), S. 192

2.2 Geschäftsprozess

Im Aufgabenbereich der Wirtschaftsinformatik sind Geschäftsprozesse einer der zentralen Gegenstände. Gleich dem übergeordneten Prozessbegriff steht hierbei auch eine Menge an Aktivitäten in einer sachlogischen und zeitlichen Verbindung in Form eines chronologischen Ablaufs. Zwischen den Aufgaben, welche von mehreren Organisationseinheiten mit Hilfe des Einsatzes von Informations- und Kommunikationssystemen ausgeführt werden und eine klare Zuordnung vorweisen, muss eine Koordination erfolgen, sowie eine Abstimmung auf die Zielerreichung umgesetzt werden. Charakterisierend für Geschäftsprozesse ist eine Leistungserstellung für interne oder externe Kunden, die mit der Erfüllung der Unternehmensziele einhergeht. Dabei werden die Ressourcen der Unternehmung im Rahmen von beispielsweise Menschen, Maschinen oder Informationen als Input verbraucht. Die Erfüllung der Ziele ist dabei quantitativ messbar und kann somit einer Bewertung unterzogen werden.

Weiterhin können Geschäftsprozesse im Bereich der Geschäftsprozessanalyse in unterschiedliche Aggregationsstufen untergliedert werden. An oberster Stelle eines Unternehmens stehen normalerweise Haupt- und Kerngeschäftsprozesse. Auf einer niedrigeren Ebene finden sich Geschäftsprozesse, die den konkreten Prozessablauf beschreiben, wieder.

Die Geschäftsprozessoptimierung erfordert eine hohe Prozess- und Kundenorientierung. Gerade im Bereich der Informationstechnologie ist diese Ausrichtung durch das hohe Innovationspotential von großer Bedeutung. Dabei stehen vielseitige konzeptionell-methodische Modellierungsmethoden zum Einsatz bereit, die vorhandene Prozesse abbilden oder die Optimierung derartiger Prozesse vorantreiben sollen.[7] [8]

---

[7] vgl. Weber/Gabriel/Lux/Menke (2022), S. 191 ff.
[8] vgl. Gehring/Gabriel (2022), S. 665 f.

2.3 Modellierungsmethoden

2.3.1 Wertschöpfungskettendiagramm

Die Aufgabe des Wertschöpfungskettendiagramms, kurz WKD, besteht darin auf einem hohen Abstraktionsniveau die Kerngeschäftsprozesse mit all ihren Teilprozessen, beziehungsweise Funktionen, in einen zeitlichen Zusammenhang zu bringen und in einer hierarchischen Illustration darzustellen. Dabei werden nur Funktionen angenommen, die einen wertschöpfenden Beitrag zur Leistungserstellung des Unternehmens beitragen. Das Ziel des Diagramms ist es auf einen Blick eine Vorstellung von größeren Zusammenhängen zu erhalten ohne durch zu viele Details abgelenkt zu werden. Hierzu zählen unter anderem Entscheidungsknoten, Informationen zu den verknüpften Organisationseinheiten und Hilfsmittel.

Innerhalb der Chronologie der Modellierungsmethoden steht das Wertschöpfungskettendiagramm am Beginn des Prozesses. Insbesondere durch das grobe Design können weitere Teilprozesse identifiziert werden und somit ein optimaler Startpunkt für die weitere Modellierungen erreicht werden.

Die einfachste Ausführung des Diagramms erfolgt mit breiten pfeilartigen Rechtecken für einzelne Funktionen, welche durch gestrichelte schwarze Pfeile, welche die Laufrichtung des Prozesses angeben, verbunden sind (siehe Anhang 1). Durchgezogene Pfeile zwischen den Funktionen markieren eine hierarchische Struktur (siehe Anhang 2). Weiterhin kann optional der Einsatz von Meilensteinen (siehe Anhang 3), Organisationseinheiten (siehe Anhang 4), Datenobjekten (siehe Anhang 5) und Anwendungssystemen (siehe Anhang 6) erfolgen. Jedoch führt deren Aufnahme zu einer Vergrößerung und Senkung der Übersichtlichkeit des Diagramms. Daher sollten diese Elemente eher sparsam verwendet werden.[9] [10] [11]

---

[9] vgl. Grabner (2019), S. 103
[10] vgl. Arndt (2021), S. 100
[11] Quality Services & Wissen GmbH (o.J.), Onlinequelle

2.3.2 Ereignisgesteuerte Prozesskette

Die ereignisgesteuerte Prozesskette, kurz EPK, dient der fachlichen Beschreibung und Dokumentation von Standardprozessen. Das Ziel ist dabei die fokussierte Darstellung der Prozesslogik durch eine sorgfältige Analyse. Im dabei entstehenden Prozessfluss, welcher von oben nach unten gerichtet ist, wird ein Ablauf von Ereignissen und Funktionen beschrieben. Hierbei verkörpern Ereignisse eingetretene Zustände und Funktion die Handlungen, die zur Erreichung dieser Zustände notwendig sind.

Die Komponenten einer EPK sind sehr umfangreich. Gerade in der erweiterten ereignisgesteuerten Prozesskette, kurz eEPK, stehen zusätzliche Mittel zur Prozessmodellierung zur Verfügung. Die Elemente der eEPK werden in der nachfolgenden Tabelle (siehe Tabelle 1) aufgeführt, visualisiert und dessen Zweck erläutert.

Symbol	Bezeichnung	Zweck	Kanten-/Knotentyp
	Ereignis	Eingetretener Zustand. Bedeutend für den weiteren Prozessverlauf	Ereignisknoten
	Funktion	Beschreibt den Transformations-prozess von Input- zu Output-zustand	Aktivitätsknoten
(X)	„exklusives oder"	Beschreibung der logischen Verknüpfungen von Ereignissen und Funktionen	Bedingungsknoten
(V)	„oder"		
(Λ)	„und"		
	Organisatorische Einheit	Stellt die Gliederungsstruktur eines Unternehmens dar	Organisationsknoten
	Informationsobjekt	Beschreibt Gegenstände der Realität	Aktivitätsknoten
	Anwendungssystem	Eingesetzte prozessunterstützende Anwendungssysteme	Aktivitätsknoten
- - - - -►	Kontrollfluss	Kennzeichnet einen zeitlich-logischen Zusammenhang zwischen Ereignis und Funktion	Kontrollflusskante
———►	Datenfluss	Beschreibung der Operationen von Daten auf Funktionen, wie ändern oder schreiben	Datenflusskante
———	Zuordnung	Ordnet Ressourcen organisatorischen Einheiten zu und umgekehrt	Zuordnungs-beziehungskante

Tabelle 1: Komponenten einer erweiterten ereignisgesteuerten Prozesskette[12]

---

[12] ähnlich: Gadatsch (2022), S. 31

Im Laufe des Prozesses werden Entscheidungen durch ein vordefiniertes Regelwerk getroffen, die den Prozessverlauf widerspiegeln. Die wichtigsten Regeln zur Erstellung belaufen sich dabei auf die nachfolgenden Punkte. Es wird immer mit einem Ereignis begonnen und abgeschlossen, wobei Informationsobjekte rechts und Organisationseinheiten links der Funktionen dargestellt werden. Weiterhin müssen Funktion und Ereignis sich immer abwechseln. Alle Elemente der EPK müssen miteinander verbunden sein und dürfen höchstens eine Aus-, beziehungsweise Eingangslinie haben. Wenn es zu einer Verzweigung kommt muss diese mit dem zur Öffnung identischen Konnektor wieder geschlossen werden. Zuletzt darf ein Ereignis zwischen zwei oder mehreren Funktionen keine Entscheidung treffen.[13] [14]

2.3.3 ARIS-Methode

Der Begriff ARIS ist eine Abkürzung und steht für *Architektur integrierter Informationssysteme*. Es handelt sich dabei um ein Konzept zur Modellierung von Unternehmen und deren Vielfalt an Prozessarten durch die Darstellung von verschiedenen Beschreibungssichten und -ebenen. Beide Ausführungen werden am Ende im ARIS-Gesamtkonzept, dem sogenannten ARIS-Haus, zusammengefasst. Ziel ist es die Gesamtheit der betrieblichen Informationssysteme im Zusammenspiel mit den unternehmerischen Sachverhalten und involvierten Menschen angesichts aller notwendigen Details darzustellen. Die Granularität der unterschiedlichen Modellierungsverfahren kann hierbei vom Anwender unter Berücksichtigung der Übersichtlichkeit und Transparenz der entworfenen Prozesse selbst gewählt werden.

Die Beschreibungssichten belaufen sich auf fünf unterschiedliche Betrachtungsweisen. Die Funktionssicht beschreibt Verrichtungen, die an einem materiellen oder informationellen Objekt in Form von fachlichen Aufgaben zur Unterstützung vielzähliger Unternehmensziele ausgeführt werden. Voraussetzend für die Umsetzung der Tätigkeiten sind auslösende Ereignisse und beendet werden diese durch die Erreichung eines geforderten Ziels im Rahmen eines neuen Ereignisses. Ein geeignetes Mittel zur Modellierung sind Funktionsbäume. Innerhalb der Datensicht werden logische Datenstrukturen überwiegend im Zusammenhang mit Entity-, Attribut und Beziehungstypen abgebildet. Somit dient diese Sicht vor allem der Konzipierung von datenbankbezogenen Anwendungssystemen. Etabliert hat sich hierbei das Entity-Relationship-Modell. Wird die Aufbauorganisation in den Fokus gestellt handelt es sich um die

---

[13] vgl. Ohlig (2022), S. 94 ff.
[14] vgl. Gadatsch (2022), S. 26 ff.

Organisationssicht. Indem die Aufgaben verteilt und die Zuständigkeiten festgelegt werden stellt die Organisation die Zielerreichung sicher. Hierfür werden organisatorische Objekte erstellt und entsprechend eingegliedert. Klassischerweise ist das Organigramm das Mittel der Wahl. Aufgrund der Aufteilung in die verschiedenen Sichten wird eine weitere Komponente im ARIS-Konzept benötigt, welche den Zusammenhang wiederherstellt. Diese Rolle wird von der Steuerungs-, beziehungsweise ehemalige Prozesssicht, eingenommen. Dabei werden Unternehmensprozesse gesamtheitlich abgebildet und somit die konzipierten Modelle aus den anderen Sichten wieder verbunden. Wesentlich ist hierbei die Ablauforganisation. Standardmäßig ist die EPK (siehe Kapitel 2.3.2) die bevorzugte Modellierungsmethode. Abschließend verbrauchen Prozesse materielle und immaterielle Ressourcen, die in der Leistungssicht, beispielsweise in Form von finanziellen Leistungen als Input oder Dienstleistungen für Kunden als Output, integriert werden. Hierbei ist noch zu erwähnen, dass Abbildung 2 keine Leistungssicht beinhaltet. Im Regelfall befindet sich diese direkt unter der Steuerungssicht, wobei nur zu dieser eine Verbindung besteht.

Infolge der stufenweisen Vorgehensweise bezüglich der Durchführung von Projekten werden innerhalb von ARIS drei Phasen der Beschreibungsebenen für jede Beschreibungssicht herausgearbeitet. Zu Beginn bevor die Phasen ausgearbeitet werden steht die betriebswirtschaftliche Problemstellung, welche den derzeitigen Ist-Zustand in Verbindung mit den Anforderungen an den Soll-Zustand darstellt. Folglich wird in der ersten Phase, welche durch das Fachkonzept verkörpert wird, dieser gewünschte Sollzustand in Modellen konkretisiert und somit der Ausgangspunkt zur Umsetzung konzipiert. Anschließend findet im Datenverarbeitungskonzept, kurz DV-Konzept, die Umsetzung der zuvor erstellten Aspekte in eine informationstechnische Formulierung statt. Zum Beispiel sind relationale Datenbankmodelle für die Datensicht geeignet. Zuletzt folgt in der Implementierung die Realisierung des DV-Konzepts durch die Übertragung in Hard- und Software. Mit eingeschlossen ist zudem das Ausbilden der Anwender und die Übergabe.[15] [16]

---

[15] vgl. Seidlmeier (2019), S. 18 ff.
[16] vgl. Schwarz/Neumann/Teich (2018), S. 6, 8 f.

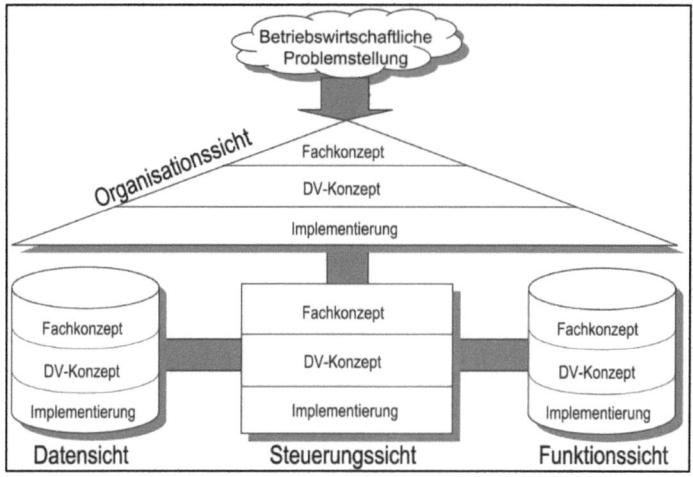

Abbildung 2: ARIS-Haus ohne Leistungssicht[17]

2.4 Gemeinsamkeiten und Unterschiede ausgewählter Methoden

Bisher sind in diesem Assignment das Wertschöpfungskettendiagramm, die ereignisgesteuerte Prozesskette und das ARIS-Konzept hinsichtlich der Modellierungsmethoden thematisiert worden. Anknüpfend daran werden in diesem Kapitel dessen Unterschiede und Gemeinsamkeiten detailliert ausgearbeitet.

Der erste Aspekt, in welchem die Diagramme Gemeinsamkeiten aufzeigen, ist die statische Abbildung dynamischer Zusammenhänge. Sie bilden Prozesse ab, welche aus einer Menge an Aktivitäten bestehen, die in zeitlicher Abfolge abgearbeitet werden und durch den Einsatz von Input einen bestimmten Output liefern (siehe Kapitel 2.1). Im ARIS-Konzept dabei werden lediglich in der Steuerungssicht, beispielsweise in Form der ebenso diskutierten EPK, dynamische Inhalte modelliert. Demnach werden in allen drei Diagrammen Sachverhalte aus dem Unternehmensumfeld in einer geregelten Struktur, die von jedem Modellierungsverfahren vorgegeben wird, dargestellt. Ein weiterer Punkt, welcher die Gemeinsamkeiten der Modelle hervorhebt, ist die Nutzung der Konzepte als Mittel zur Reduktion der Komplexität. Die Realität ist außergewöhnlich kompliziert, wodurch die Darstellung von Sachverhalten mit allen Details nicht förderlich für eine produktive Umgebung wäre. Daher wird für die Abbildung realer Vorgänge eine Abstraktion benötigt, welche es ermöglicht einen Überblick über die

---

[17] entnommen aus: Seidlmeier (2019), S. 30

Gesamtsituation zu erhalten und somit die relevanten Inhalte hervorzuheben. Alle drei Modelle erreichen dies auf einem unterschiedlichen Niveau bezüglich der Granularität durch den Einsatz festgelegter Notationselemente, welche die wesentlichen Vorgänge markieren und ausführen. Zum Beispiel wird dies innerhalb einer ereignisgesteuerten Prozesskette mit der Verwendung von Ereignis und Funktionen erreicht. Ein weiterer erwähnenswerter Vorteil, welcher bei allen Modellen durch die Abstraktion erreicht wird, ist das deutlich effizientere Identifizieren von Optimierungsmöglichkeiten. Weiterhin bilden die drei Modelle in Hinsicht auf Kommunikation eine gemeinsame Referenz zum Austausch von Informationen. Alle Personen, die in der Verwendung der Modelle geschult sind können die Darstellungen lesen und sich auf derselben Basis über weitere Entscheidungen beraten. Aufgrund der nach bestimmten Regularien festgelegten Begriffe und grafischen Elemente können Missverständnisse fast vollständig eliminiert werden. Zuletzt ist bezüglich der Gemeinsamkeiten noch anzuführen, dass alle drei Modelle auf fast alle Projektsituationen anwendbar sind. Sobald der Prozessgedanke im Mittelpunkt steht, was heutzutage größtenteils der Fall ist, sind derartige Modellierungsmethoden mit dem Gedanken dynamische Abläufe statisch darzustellen eine gängige Möglichkeit zur Illustrierung.

Hinsichtlich der Unterschiede der ausgewählten Modelle ist die unterschiedliche Granularität, in welcher die Modellierung stattfindet, anzuführen. Wird ein Wertschöpfungskettendiagramm betrachtet werden dort auf einem hohen Abstraktionsniveau die Kerngeschäftsprozesse, beziehungsweise deren Teilprozesse, dargestellt. Es geht dabei lediglich darum einen schnellen und groben Überblick zu erhalten. Im Gegensatz dazu wird innerhalb einer eEPK eine vergleichsweise detaillierte Ausführung geliefert, welche größtenteils unübersichtlicher wirkt. Angesichts des ARIS-Konzepts ist im Falle des ARIS-Hauses vorerst eine übersichtliche Abbildung gegeben. Werden jedoch die Beschreibungssichten und -ebenen einzeln betrachtet wird dort ein sehr hoher Grad an Details durch die Darstellung der einzelnen Modelle vorgefunden. Hierbei muss beachtet werden, dass der Anwender des ARIS-Konzepts viel Spielraum bezüglich der Feinheiten hat. Die Granularität hat einen starken Zusammenhang mit dem Zweck des jeweiligen Diagramms, welcher durchaus in Bezug auf die Modellierungsverfahren variiert. In einem WKD werden alleine wertschöpfende Aktivitäten in einer zeitlichen Abfolge gebracht um den großen Zusammenhang mehrerer Geschäftsprozesse zu erkennen, während eine ereignisgesteuerte Prozesskette einen Standardprozess in einem detaillierten Maße fachlich beschreibt und dokumentiert. ARIS dagegen will erreichen, dass ein betriebliches

9

Informationssystem in seiner Gesamtheit alle notwenigen Details beinhaltet, damit dies den Anforderungen gerecht werden kann. Letztendlich finden sich diverse Unterscheidungen bezüglich der Notationselemente vor. Das Wertschöpfungskettendiagramm verwendet zur Darstellung von Aktivitäten beispielsweise breite pfeilartige Rechtecke (siehe Anhang 1), wohingegen die EPK zwischen Funktionen in Form von abgerundeten Rechtecken und Ereignissen als Sechsecke differenziert. ARIS fasst die unterschiedlichen Notationselemente zusammen, indem es unterschiedliche Modellierungsmethode beinhaltet und in einer Darstellung, die einem Haus ähnelt, zusammenfasst (siehe Abbildung 2).[18] [19]

Gemeinsamkeiten	Unterschiede
• Komplexität verringern • Überblick verschaffen • Relevante Inhalte hervorheben • Optimierungsmöglichkeiten identifizieren • Gemeinsame Kommunikationsbasis • Universell anwendbar	• Granularität • Zweck • Notationselemente

Tabelle 2: Gemeinsamkeiten und Unterschiede der ausgewählten Modellierungsmethoden[20]

3 Einschätzung der aktuellen Geschäftsprozessmodellierung und Trends

3.1 Sachstand

Zur Einschätzung des aktuellen Sachstands und Trends der Geschäftsprozessmodellierung wird zu Beginn dieses Kapitels knapp das Geschäftsprozessmanagement angeführt, wobei hierbei zu erwähnen ist, dass die Modellierung von Geschäftsprozessen einen Bereich dieses Managements abdeckt.

Die Aufgaben des Geschäftsprozessmanagements belaufen sich auf sämtliche Aufgaben in Verbindung mit dem Identifizieren, Dokumentieren und Optimieren von Geschäftsprozessen. Mit der Einführung des Business Process Reengineerings in den 1990er Jahren wurden erstmals Geschäftsprozesse aufgrund der fundamentalen Neuerungen dieser Zeit überdacht und an die neuen Gegebenheiten angepasst. Maßgebliche Treiber sind dabei die Globalisierung und technische Entwicklung gewesen. Das Business Process Reengineering, kurz BPR, lehnte dabei

---

[18] Gronau (2018), Onlinequelle
[19] vgl. Frank (2016), S. 35 ff.
[20] Eigendarstellung

alte Organisationsstrukturen radikal ab und richtete Unternehmen das erste Mal IT-gestützt und prozessorientiert aus. Jedoch scheiterte das BPR in den meisten Fällen aufgrund vielseitiger Gründe. Unter anderem zählte dazu eine mangelnde Beherrschung der wesentlichen Geschäftsprozesse oder die fehlende Integration vorhandener Informationssysteme. Nach dem schleichenden Übergang vom Business Process Reengineering zum neuartigeren Geschäftsprozessmanagement haben sich Modellierungsmethoden bezüglich einzeln betrachteter Geschäftsprozesse weiterhin etabliert. Diese Konzepte setzen Prozesse und deren Aktivitäten in einen statischen und zeitlich-logischen Zusammenhang und können in Form von Texten, Tabellen oder grafischen Beschreibungen nach fest definierten Regeln realisiert werden. Vor allem grafische Notationen wie das ER-Modell nach Chen, die ereignisgesteuerte Prozesskette oder die Business Process Modelling Notation finden heutzutage ein breites Anwendungsspektrum. Jedoch werden durch diese Modelle kaum moderne Trends wie beispielsweise das Internet der Dinge in Betracht gezogen, welches gegenwärtig zu einer wesentlichen Beeinflussung bestehender Geschäftsprozesse führt.[21] [22] [23]

3.2   Entwicklungsaussichten

Mit der Entstehung von neuen Herausforderungen in der modernen Zeit müssen sich auch bewährte Vorgehensweisen des Geschäftsprozessmanagements und somit der Geschäftsprozessmodellierung anpassen. Aktuelle Trends belaufen sich unter anderem auf die Digitalisierung und Individualisierung im Unternehmensumfeld. Hierbei spielen besonders mobile Endgeräte eine wichtige Rolle, da sie mit ihren benutzerbezogenen Daten die detaillierte Ermittlung des Anwenderkontextes und der damit verbundenen Geschäftsprozesse ermöglichen. Traditionelle Modellierungssprachen wie die EPK oder die Business Process Model and Notation können nicht ausreichend auf derartig kontextsensitive Darstellungen eingehen. Daher werden neue Modellierungsmethoden, wie die Sensormodellierungssprache, benötigt, welche die Darstellung von Prozessen ermöglicht, die anhand von Informationen aus Sensoren Daten erheben und bezüglich der Anforderungen auswerten, oder ergänzte Versionen, welche beispielsweise als Erweiterung der Business Process Model and Notation um die Meta-Model-Erweiterung realisiert werden. Weiterhin ist die Analyse bestehender durch eine schwache Struktur und einen hohen

---

[21] vgl. Weber/Gabriel/Lux/Menke (2022), S. 193 ff.
[22] vgl. Barton/Müller/Seel (2017), S. 1 ff.
[23] vgl. Feldmann/Ziegenbein/Damkowski (2022), S. 30

Wissensanteil charakterisierten Prozessen ein aktueller Trend. Im Rahmen der Betrachtung wurde von der Object Management Group das Case Management Model and Notation, kurz CMMN, als Standard eingeführt, welches entgegen der Beschreibung des strikten Ablaufs den Fokus auf notwendige Aktivitäten und Zustände für die Durchführung weiterer Tätigkeiten durch fallorientierte Entscheidungen legt. Zuletzt ist noch eine Entwicklung in Richtung der Auslagerung komplexer Entscheidungen in eigene Darstellungen, aufgrund der Zielsetzung einer besseren Übersichtlich- und Wartbarkeit, zu erkennen. In Bezug auf diese Problemstellung ist das Decision Model and Notation eingeführt worden, wodurch eine präzise Differenzierung von Logiken des Prozessablaufs und der Entscheidungsfindung möglich ist.[24] [25] [26] [27]

4 Konkrete Anwendung der ausgewählten Modellierungsmethoden

Zur Erstellung der Diagramme bezüglich der ausgewählten Modellierungsmethoden wurde das freie Tool *diagramms.net* verwendet.

4.1 Konzipierung eines Wertschöpfungskettendiagramms

Die Umsetzung des Wertschöpfungskettendiagramms bezieht sich auf einen Kerngeschäftsprozess, welcher die Funktionen *Beschaffung*, *Produktion* und *Absatz* eines Produkts in der obersten Ebene des WKDs widerspiegelt. Hierbei wurde auf zusätzliche Funktionen wie zum Beispiel Entwicklung und Forschung verzichtet und sich dafür auf direkt produktionsspezifische Funktionen eines beliebigen Guts beschränkt. Weiterhin beansprucht die Beschaffung meist viele Abteilungen, wobei in diesem Praxisbeispiel lediglich der *Einkauf* genannt wird. Zur Wahrung des Abstraktionsniveaus wurde auf Datenobjekte und Anwendungssysteme verzichtet. Hiermit soll erreicht werden, dass lediglich grobe Zusammenhänge der wertschöpfenden Funktionen erkannt werden können ohne durch zu viel Informationen abgelenkt zu werden.

Die drei Funktionen sind in einer chronologischen Reihenfolge und hierarchischen Struktur angeordnet, was durch die horizontal gestrichelten und vertikal durchgezogenen Pfeile verdeutlicht wird. In der obersten Ebene des Wertschöpfungskettendiagramms befinden sich die

---

[24] vgl. Barton/Müller/Seel (2017), S. 1 ff.
[25] vgl. Dörndorfer/Seel (2017), S. 47 ff.
[26] vgl. Kirchner/Herzberg (2017), S. 129 ff.
[27] vgl. Buck-Emden/Alda (2017), S. 111

Hauptfunktionen, die den tieferen Funktionen übergeordnet sind. In den Ellipsen finden sich die Organisationseinheiten vor, welche die Ausführung der Tätigkeiten auf eine bestimmte Abteilung festlegt. Den Hauptfunktionen sind mehrere untergeordnete Funktionen zugeordnet, was sich zum Teil über zwei Ebenen erstreckt. So ist die *Warenannahme* dem *Wareneingang und Lagerung* untergeordnet, welche wiederrum der *Beschaffung* untergeordnet sind.

Außerdem wurden zwischen den Hauptfunktionen Meilensteine gesetzt, welche das Erreichen von Teilzielen im Kerngeschäftsprozess dokumentieren. *M1* markiert den Abschluss des Beschaffungsprozesses während *M2* die Übergabe der Produktion an den Vertrieb festlegt.

Durch das hohe Abstraktionsniveau dieser Illustration und der Darstellung der groben Zusammenhänge wertschöpfender Funktionen innerhalb des Kerngeschäftsprozesses wurde für weitere Modellierungsmethoden ein solides Fundament gelegt.

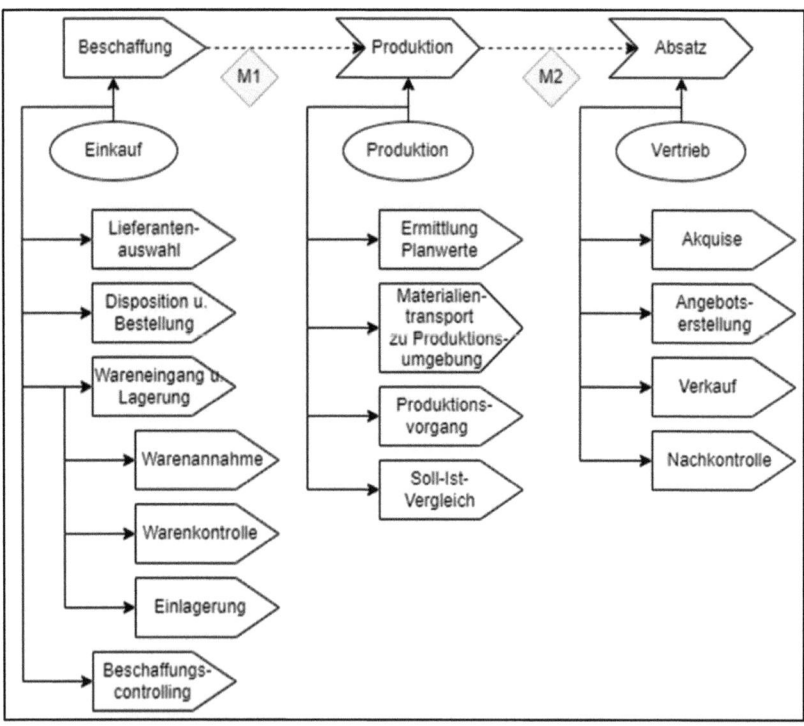

Abbildung 3: Umsetzung des Wertschöpfungskettendiagramms[28]

---

[28] ähnlich: Grabner (2019), S. 103

13

4.2 Erstellung der ereignisgesteuerten Prozesskette

Für die Erstellung der ereignisgesteuerte Prozesskette wurde die Funktion *Beschaffung* aus dem zuvor konzipierten Wertschöpfungskettendiagramm zur detaillierten Darstellung ausgewählt. Dabei wurden die Notationselemente der erweiterte ereignisgesteuerten Prozesskette verwendet, da konträr zum Wertschöpfungskettendiagramm und dessen hohen Abstraktionsgrad die Zielsetzung einer eEPK eine möglichst genaue fachliche Abbildung der Prozesslogik ist.

Zu Beginn der eEPK trifft ein Auftrag zur Produkterstellung ein, welcher einen Beschaffungsvorgang benötigt. Folglich entscheidet der Einkauf sich zuerst anhand vorgegebener Kriterien für einen Lieferanten, bei welchem im Anschluss daran unter Betrachtung des Auftrags als Datenobjekt die Ware bestellt wird. Wenn die Ware eintrifft wird diese von der Wareneingangsstelle unter Verwendung der Bestellung und des Lieferscheins überprüft und das Prüfergebnis dokumentiert. Daraufhin folgt eine XOR-Verknüpfung, welche festlegt, ob die Ware entweder freigegeben, gesperrt oder abgelehnt wird. Bei einer Freigabe wird die Ware eingelagert. Im Falle einer Sperrung findet eine Nacharbeitung bezüglich der Lieferung statt und im Rahmen einer Ablehnung folgt eine Rücksendung. Die Fallunterscheidung wird von der Logistik durchgeführt und in einer Dokumentation festgehalten. Abschließend wird vom Controlling die Einhaltung der vorgegebenen Kennzahlen validiert und der gesamte Beschaffungsvorgang ist hiermit abgeschlossen. Über die ganze Länge der Ereignisse und Funktionen unterstützt das ERP-System als Anwendungssystem die Mitarbeiter beim Abarbeiten der Tätigkeiten.

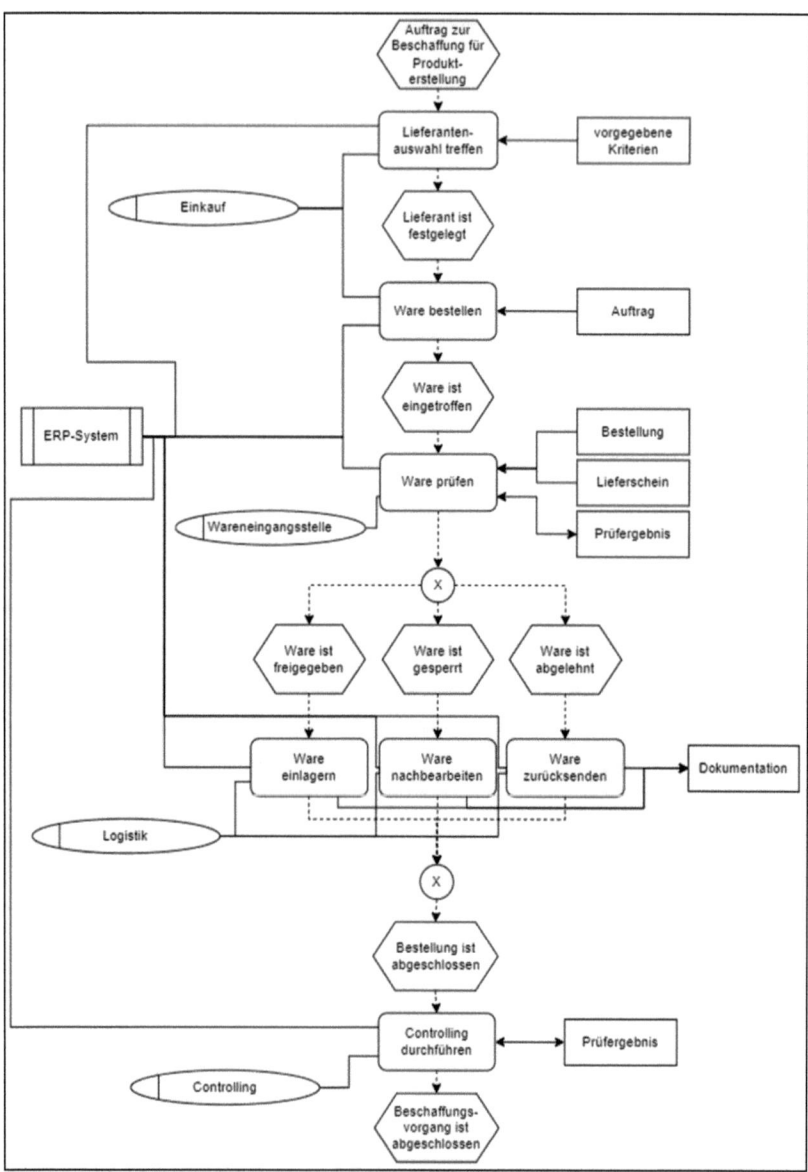

Abbildung 4: Erweiterte ereignisgesteuerte Prozesskette eines Beschaffungsvorgangs[29]

---

[29] ähnlich: Becker (2018), S. 153

4.3 Umsetzung der ARIS-Methode

Das ARIS-Konzept ist keine isolierte Modellierungsmethode eines einzelnen Sachverhalts wie zum Beispiel die in Kapitel 4.2 erstellte eEPK eines Beschaffungsprozesses. Vielmehr geht es um die Vielfalt der Prozessarten, welche innerhalb von verschiedenen Beschreibungssichten und - ebenen dargestellt werden. Daher folgt in diesem Kapitel keine konkrete Modellierung weiterer Darstellungen, sondern vielmehr eine Einordnung der bereits modellierten Konzepte in die Steuerungssicht und das Beschreiben der Zusammenhänge, sowie dem zugehörigen Sachverhalt.

Die betriebswirtschaftliche Problemstellung der Steuerungssicht beläuft sich auf die Frage nach der Strukturierung des Beschaffungsprozesses für die Produktion und dem darauf folgenden Absatz eines Produkts. In Kapitel 4.2 wurde bereits eine eEPK zum Beschaffungsprozess beschrieben, welche zusammen mit dem in Kapitel 4.1 erstellten Wertschöpfungskettendiagramm im ARIS-Haus innerhalb der Steuerungssicht auf der Fachkonzeptebene eingeordnet werden kann. Mit Hilfe dieses Fachkonzepts wird der betriebswirtschaftliche Grundstein zur Umsetzung des Sachverhalts in ein technisches Konzept gelegt. Folglich könnte je nach Situation durch die in der eEPK enthaltenen Informationen ein darauf basierender Programmablaufplan erstellt werden, welcher im Datenverarbeitungskonzept eingeordnet wird. Hierfür werden die gewonnen Kenntnisse zu Funktionen, Ereignissen, Anwendungssystemen, Organisationeinheiten und Datenobjekten, sowie deren Beziehungstypen in dieses DV-Konzept eingearbeitet. Bezüglich der erstellen eEPK gehen dabei beispielsweise die Verknüpfung zwischen dem Anwendungssystemtyp *ERP-System* und dem *Einkauf* über die Funktion *Lieferantenauswahl treffen* und *Ware bestellen* hervor. Zuletzt folgt die Beschreibungsebene der Implementierung, welche die konkrete Umsetzung auf Hard- und Softwarekomponenten erfordert. Dazu werden zum Beispiel im Zugriffsdiagramm explizite Anwendungssysteme mit Organisationseinheiten zusammengesetzt.[30]

---

[30] vgl. Seidlmeier (2019), S. 22 ff.

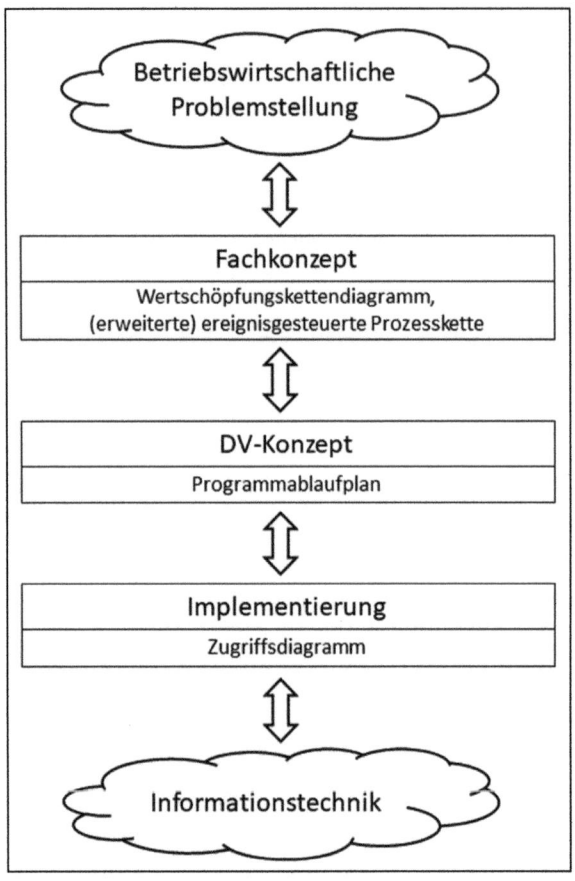

Abbildung 5: Einordnung der Diagramme in die Beschreibungsebenen der Steuerungssicht des ARIS-Konzepts[31]

---

[31] ähnlich: Seidlmeier (2019), S. 29

5   Schluss

5.1   Zusammenfassung

Das Ziel des Assignments war die Erläuterung und konkrete Modellierung von drei Modellen zur Geschäftsprozessmodellierung unter Berücksichtigung der Sachlage und aktuellen Trends. Zusammenfassend hat sich aus der Arbeit ergeben, dass die Umsetzung der selektierten Methoden bezüglich mehrerer Beispiele erfolgreich durchgeführt und die Grundlagen effektiv in die Praxis übertragen werden konnten.

Zu Beginn wurden die Grundlagen hinsichtlich der Prozess- und Geschäftsprozessdefinition und der drei Modellierungsmethoden erläutert. Dabei erfolgte die Thematisierung des Wertschöpfungskettendiagramms, der ereignisgesteuerten Prozesskette und des ARIS-Hauses, sowie die detaillierte Ausführung der Gemeinsamkeiten und Unterschiede.

Im Anschluss daran wurde die derzeitige Lage der Forschung in der Geschäftsprozessmodellierung und Trends, welche durch aktuelle Entwicklungen zu Stande kommen, diskutiert.

Mit der konkreten Modellierung der Geschäftsprozessmodelle wurden die gelernten Grundlagen angewendet und vertieft. Für jede Methode wurde ein Beispiel ausgesucht, welches anschließend anhand des Modellierungstools diagramms.net unter Verwendung der angeführten Notationselementen erfolgreich modelliert wurde.

5.2   Kritische Würdigung

Der begrenzte Umfang der vorliegenden Arbeit war ausschlaggebend dafür, dass bestimmte Punkte nur teilweise ausgeführt wurden oder nicht thematisiert werden konnten. Die Erreichung der Zielsetzung der Arbeit wurde dadurch jedoch nicht beeinträchtigt und das definierte Ergebnis konnte erreicht werden.

Gerade in der Geschäftsprozessmodellierung existieren überaus viele Möglichkeiten für die Beschreibung von Prozessen durch unterschiedlichste Modelle hinsichtlich vielfältigster Anwendungsfälle. In diesem Assignment ist die Auswahl auf drei etablierte Methoden gefallen, welche umfänglich beschrieben wurden. Jedoch konnten infolgedessen weitere Konzepte wie beispielsweise das Business Process Model and Notation, welches zudem ein breites Einsatzspektrum besitzt, nicht beschrieben werden.

Weiterhin wurde bezüglich des konzipierten Wertschöpfungskettendiagramm die Funktion der Entwicklung und Forschung weggelassen. Die Integration dieser Funktion würde einen besseren Eindruck des gesamten Sachverhalts liefern und wird somit für zukünftige Aussichten in Betracht gezogen.

Zuletzt kann im Falle der erstellen eEPK zum Beschaffungsprozess eine Fallunterscheidung im Controlling der Kennzahlen ergänzt werden, falls die Vorgaben nicht erreicht werden. Dadurch wären eine detailliertere Prozessbeschreibung, eine folglich bessere Risikominimierung und damit wahrscheinlichere Zielerreichung in Aussicht.

Anhang

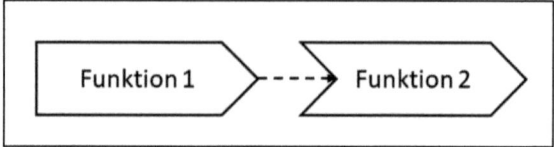

Anhang 1: Laufrichtung zwischen zwei Funktionen[32]

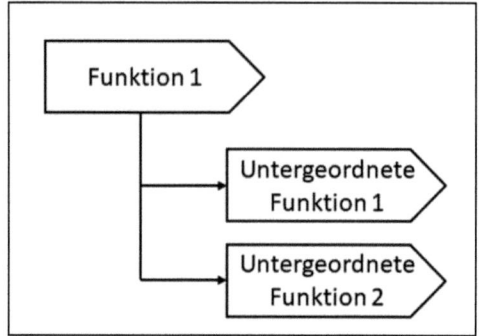

Anhang 2: Hierarchie zwischen Funktionen[33]

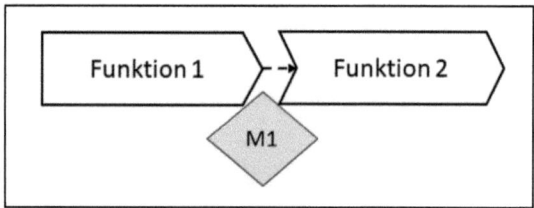

Anhang 3: Meilensteine im Wertschöpfungskettendiagramm[34]

---

[32] Eigendarstellung
[33] Eigendarstellung
[34] Eigendarstellung

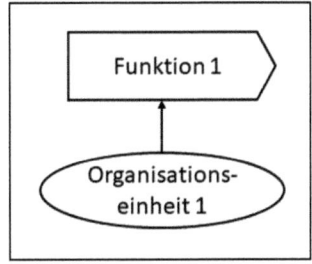

Anhang 4: Organisationseinheit im WKD[35]

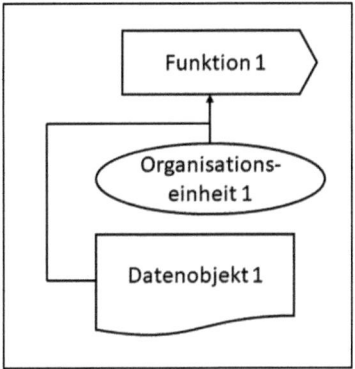

Anhang 5: Darstellung eines Datenobjekts im WKD[36]

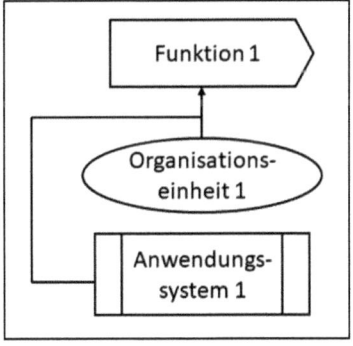

Anhang 6: Integrierung von Anwendungssystemen in ein WKD[37]

---

[35] Eigendarstellung
[36] Eigendarstellung
[37] Eigendarstellung

Literaturverzeichnis

Arndt, Holger (2021): Supply Chain Management – Optimierung logistischer Prozesse (E-Book: pdf-Dokument), 8. aktualisierte und überarbeitete Auflage, Wiesbaden.

Barton, Thomas/Müller, Christian/Seel, Christian (2017): Trends im Geschäftsprozessmanagement, in: Barton, Thomas/Müller, Christian/Seel, Christian (Hrsg.): Geschäftsprozesse – Von der Modellierung zur Implementierung (E-Book: pdf-Dokument), Wiesbaden, S. 1 - 4.

Becker, Torsten (2018): Prozesse in Produktion und Supply Chain optimieren (E-Book: pdf-Dokument), 3. neu bearbeitete und erweiterte Auflage, Berlin.

Buck-Emden, Rüdiger/Alda, Sascha (2017): Systemunterstützung für wissensintensive Geschäftsprozesse – Konzepte und Implementierungsansätze, in: Barton, Thomas/Müller, Christian/Seel, Christian (Hrsg.): Geschäftsprozesse – Von der Modellierung zur Implementierung (E-Book: pdf-Dokument), Wiesbaden, S. 101 - 125.

Dörndorfer, Julian/Seel, Christian (2017): Modellierung kontextsensitiver Geschäftsprozesse, in: Barton, Thomas/Müller, Christian/Seel, Christian (Hrsg.): Geschäftsprozesse – Von der Modellierung zur Implementierung (E-Book: pdf-Dokument), Wiesbaden, S. 47 - 74.

Feldmann, Carsten/Ziegenbein, Ralf/Damkowski André (2022): Automatisierung administrativer Geschäftsprozesse: Status und Herausforderungen bei mittelständischen Unternehmen, in: Feldmann, Carsten (Hrsg.): Praxishandbuch Robotic Process Automation (RPA) – Von der Prozessanalyse bis zum Betrieb (E-Book: pdf-Dokument), Wiesbaden, S. 27 - 35.

Feser, Uta M. (2022): Geleitwort, in: Schallmo, Daniel R. A./Rusnjak, Andreas/Anzengruber, Johanna/Werani, Thomas/Lang, Klaus (Hrsg.): Digitale Transformation von Geschäftsmodellen – Grundlagen, Instrumente und Best Practices (E-Book: pdf-Dokument), 2. Auflage, Wiesbaden, S. V - VI.

Frank, Ulrich (2016): Konzeptuelle Modellierung: Obsoleter Kostentreiber oder zentraler Erfolgsfaktor der digitalen Transformation?, in: Benker, Thomas/Jürck, Carsten/Wolf, Matthias (Hrsg.): Geschäftsprozessorientierte Systementwicklung – Von der Unternehmensarchitektur zum IT-System (E-Book: pdf-Dokument), Wiesbaden, S. 33 - 49.

Gadatsch, Andreas (2022): Geschäftsprozesse analysieren und optimieren – Praxistools zur Analyse, Optimierung und Controlling von Arbeitsabläufen (E-Book: pdf-Dokument), 2.Auflage, Wiesbaden.

Gehring, Hermann/Gabriel, Roland (2022): Wirtschaftsinformatik (E-Book: pdf-Dokument), Wiesbaden.

Grabner, Thomas (2019): Operations Management – Auftragserfüllung bei Sach- und Dienstleistungen (E-Book: pdf-Dokument), 4. aktualisierte Auflage, Wiesbaden.

Gronau, Norbert (2018): Methoden für die Geschäftsprozessmodellierung – Geschäftsprozessmanagement Teil 6, https://erp-management.de/themen/erp-betrieb/artikel/7926/#:~:text=Modellierungsmethoden%20k%C3%B6nnen%20danach%20unterschieden%20werden,sich%20statisch%20oder%20dynamisch%20abbilden. (Zugriff am 15.01.2023).

Kirchner, Kathrin/ Herzberg, Nico (2017): Ein CMMN-basierter Ansatz für Modellierung und Monitoring flexibler Prozesse am Beispiel von medizinischen Behandlungsabläufen, in: Barton, Thomas/Müller, Christian/Seel, Christian (Hrsg.): Geschäftsprozesse – Von der Modellierung zur Implementierung (E-Book: pdf-Dokument), Wiesbaden, S. 127 - 145.

Kreutzer, Ralf T. (2022): Treiber und Hintergründe der digitalen Transformation, in: Schallmo, Daniel R. A./Rusnjak, Andreas/Anzengruber, Johanna/Werani, Thomas/Lang, Klaus (Hrsg.): Digitale Transformation von Geschäftsmodellen – Grundlagen, Instrumente und Best Practices (E-Book: pdf-Dokument), 2. Auflage, Wiesbaden, S. 37 - 66.

Mattmann, Ilyas (2017): Modellintegrierte Produkt- und Prozessentwicklung (E-Book: pdf-Dokument), Wiesbaden.

Ohlig, Jasmin (2022): Prozessmanagement, in: Leyendecker, Bert/Pötters, Patrick (Hrsg.): Werkzeuge für das Projekt- und Prozessmanagement – Klassische und moderne Instrumente für den Management-Alltag (E-Book: pdf-Dokument), Wiesbaden, S. 83 - 124.

Quality Services & Wissen GmbH (Hrsg.) (o.J.): Wertschöpfungskettendiagramm, https://www.quality.de/lexikon/wertschoepfungskettendiagramm/ (Zugriff am 09.01.2023).

Schwarz, Lothar/Neumann, Tim/Teich, Tobias (2018): Geschäftsprozesse praxisorientiert modellieren – Handbuch zur Reduzierung der Komplexität (E-Book: pdf-Dokument), Berlin.

Seidlmeier, Heinrich (2019): Prozessmodellierung mit ARIS® – Eine beispielorientierte Einführung für Studium und Praxis in ARIS 10 (E-Book: pdf-Dokument), 5. aktualisierte Auflage, Wiesbaden.

Weber, Peter/Gabriel, Roland/Lux, Thomas/Menke, Katharina (2022): Basiswissen Wirtschaftsinformatik (E-Book: pdf-Dokument), 4. aktualisierte und erweiterte Auflage, Wiesbaden.